マフィン型で作る小さなお菓子

若山曜子

家の光協会

子供の頃からお菓子作りが好きだったので、今では仕事に使うのを言い訳に、かさばるお菓子の型が家中にあふれています。使う頻度はさまざまですが、どの型にも思い入れがあり、見ていると何か作りたくなる、私の宝物たちです。

おもしろいのは同じ生地でも型が変われば味も変わること。材質、大きさ、丸いのか、角張っているのか。火のあたり具合が変わってくることでカリッ、ふわっ、しっとり、みっちり。食感も変わってくるのです。

私が中学生のときに初めて買ったお菓子の型は、丸型とマフィン型でした。今も製菓材料サイトの型部門で、売り上げナンバーワンだというマフィン型。なんだかとっつきやすく親しみやすく思えるのは私だけではないようです。

1つの大きさがちょうど小腹が空いたときに食べたいくらい。
1回で数も数個取れるから人にもプレゼントしやすい。
切り分けなくていいのも気軽です。
小さめの型は焼き時間が比較的短めなのも、またお菓子作りのハードルを下げてくれるのかもしれません。

最初に作るレシピには、楽しみ半分不安半分。うまくいかなかったら、好みの味じゃなかったらどうしよう。そんなときは、マフィン型で最小単位で（私は卵を使う生地の場合は卵1個に計算し直して）1～2個まずは焼いて味をみるということもできます。

小さな焼き菓子は、表面積が増えてカリッと香ばしく仕上がるのが特徴。マフィン以外にもフィナンシェやガレットといった小さめのお菓子の代用型としても重宝します。

マフィン型というくくりで、作れるもの、とレシピを改めて考えてみると、そうか、シナモンロールだってチーズケーキだってタルト・タタンだって。おひとりさま用にかわいく仕上げてくれる型でもあるのです。

なんだかんだで、20年以上私の人生に寄り添ってくれているマフィン型。シンプルな小さな型は、日常のお菓子作りの頼もしい相棒なのです。

若山曜子

4 シフォンケーキ

5 チーズケーキ

6 パン

［レシピのお約束］
・大さじ1は15㎖、小さじ1は5㎖、1カップは200㎖です。
・卵はMサイズ（50g）を使用しています。
・バターは特に断りのない限り、食塩不使用のものを使用しています。
・生クリームは乳脂肪分35～47％のものを使用しています。
・オーブンの焼き時間は目安です。機種によって多少差がありますので、様子を見ながら加減してください。
・電子レンジは600Wのものを使用しています。

マフィン型について

お菓子初心者さんも所有率の高いマフィン型。今回、本書で使用したマフィン型と、3つの長所を紹介します。

マフィン型の種類

一度にたくさん焼ける「プレート型」

スチール製のマフィン型は熱伝導率がよく、ムラのない焼き上がりが特徴。内側にシリコン加工やフッ素樹脂加工がされたものは、型離れしやすく、さびにくいのでお手入れが簡単です。一度にたくさん焼けるプレート型は、家庭のオーブンに収まるサイズを選びましょう。基本は6個取り（**b**、**c**）ですが、12個焼けるミニマフィン型（**d**）もあります。

少ない数でも手軽に作れる「カップタイプ」

紙やスチール素材の独立したマフィンカップは、シーンに合わせて好きな数のマフィンを焼くことができます。特に紙製のマフィンカップは、1回使いきりにはなりますが、そのままプレゼントにできるのも魅力。手軽に使えるので、お菓子作りの初心者さんにもおすすめです。

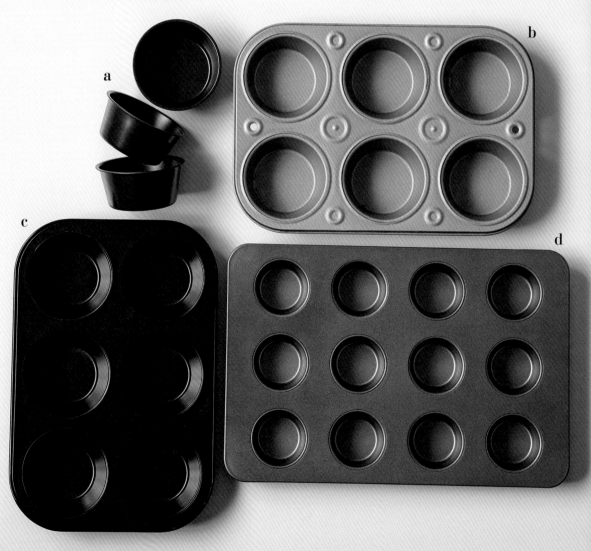

マフィン型のメリット

1
作りやすく、失敗しにくい

マフィン型で焼くお菓子は、ワンボウルで材料を順に混ぜるだけの作りやすいレシピがたくさん。ほとんどのお菓子が1台で大きく焼いたときの半分ほどの時間で焼けるのもうれしいところ。また、型からはずすときや、切り分けるときにくずれてしまうといった失敗がありません。

2
食べきりサイズで、プレゼントにも

マフィン型のお菓子はほどよい分量の食べきりサイズで、毎日のおやつに、朝食、軽食に、また締めのデザートにと活躍します。ミニマフィン型で焼けば、かわいい一口サイズのお菓子やオードブルとして喜ばれること、請け合い。持ち運びもしやすいので、プレゼントや持ち寄りの一品としても最適です。

3
いろいろなお菓子が作れる

お手持ちのマフィン型。出番がマフィンを焼くだけでは、もったいない。マフィンはもちろんのこと、パイやタルト、シフォンケーキ、チーズケーキ、その上パンまで焼けるそれは優秀な型なんです。今までホールで焼いていたケーキもマフィン型で小さく焼くと、思いがけない表情に出合えて新鮮です。

a シリコン加工プリンカップは1個でもボリュームがあるサイズ。カップ口径7.8cm×高さ3.7cm／100円均一ショップで購入 **b** 若山さん愛用のフッ素樹脂加工の6個取りマフィン型。プレート26cm×18cm。カップ口径7cm×高さ3cm **c** ティファニー マフィン型（6個取り）／型離れがよく汚れも落ちやすいスチールシリコン加工。プレート26cm×18cm。カップ口径7cm×高さ3cm／cotta **d** cottaオリジナルマフィン型（12個取り）／カップ内に勾配がないため、垂直に生地がふくらんで、かわいいきのこ形のミニマフィンが一度に12個焼ける。スチールシリコン加工。プレート30cm×20cm。カップ口径4.4cm×高さ2.4cm／cotta **e** IT マフィンカップ M（白）70枚入り。口径6.5cm×高さ5cmのプリーツ型紙製カップ／ネットショップで購入 **f** NOVACART エコモールド マフィン型 白／イタリアの老舗紙メーカー、ノヴァカルトが手がける、紙製のベーキングカップ。口径6.6cm×高さ4cm／cotta **g** NOVACART マフィン型 70 ブラウン／同じくノヴァカルトの茶色の紙製ベーキングカップ。口径7cm×高さ3.5cm／cotta

マフィン型のお菓子をおいしく作る基本ルール

おいしいマフィン型のお菓子を作るために欠かせない下準備やコツをまとめてみました。
作るお菓子によって型の下準備が変わるので、チェックしてください。

［型の下準備］

・紙カップを入れる

基本はマフィン型専用の紙（グラシン）カップを入れます。グラシンカップは耐水性、耐油性に優れたグラシン紙から作られ、薄くて型に収まりやすいのが特徴です。またアルミカップを入れてもOKです。

・オーブンシートでカップを作る

紙カップの代わりにオーブンシートでカップを作ると、表情の違ったお菓子になります。

6個取りの場合

12㎝四方のオーブンシートを四つ折りにし、イラストのようにハサミで8本の切り目を入れます。型の側面に沿わせるようにして敷き込みます。

12個取りの場合

8㎝四方のオーブンシートの4辺の真ん中に切り目を入れ、型に敷き込みます。

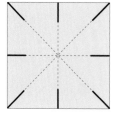

    ┄┄┄ 折り山
    ─── 切り目

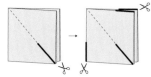

・バターを塗る

型に直接生地を入れる場合は、やわらかくしたバターを指先に取り、底面から側面にかけて塗ります。お菓子によって薄く塗るか、たっぷり塗るか変わります。型は使う直前まで冷蔵庫で冷やして。

・バターを塗って粉をふる

型にバターを塗ります。茶こしで粉（できれば強力粉）を多めにふるい、型を傾けて余分な粉を落としましょう。型は使う直前まで冷蔵庫で冷やすこと。

・バターを塗って砂糖をふる

型にバターを塗ります。グラニュー糖を全体にふり、型を傾けて余分な砂糖を落としましょう。型は使う直前まで冷蔵庫で冷やすこと。

・型に帯状の紙を敷く

バターを塗って型の準備をします。オーブンシートを3cmほどの幅の帯状に切って敷くと、焼き上がったお菓子が取り出しやすくなります。

[型に生地を入れる]

・スプーンで入れる

マフィンなどの生地を型に入れるときは、スプーン2本を使うと入れやすくなります。

・レードルで入れる

アパレイユやゆるい生地の場合は、レードルですくって流すように入れましょう。

[余った生地はカップに入れる]

・紙カップに入れる

生地が余った場合は、紙カップやアルミカップに入れていっしょに焼きます。プリンカップやココットに入れてもよいでしょう。

・紙カップ＋ココットに入れる

チーズケーキなど湯せん焼きするときに生地が余ったら、紙カップに入れ、そのカップをさらにココットなどに入れて焼きます。

1 マフィン

マフィンは材料を次々に混ぜ、型に入れて焼くだけという、ワンボウルケーキの代表格です。
特別な材料は必要なく、思い立ったらすぐに作れる気軽なお菓子。
バターで作る風味豊かなマフィンやオイルがベースの軽やかなマフィンまで、
表情豊かなマフィンをご紹介します。

レモンマフィン　作り方p.12

ストロベリーマフィン　作り方 p.14

レモンマフィン

表面はサクッ、中はしっとりのさわやかなレモンマフィンを
作りやすい卵1個の配合のレシピにしました。
翌日でもふんわり食感を楽しむには、加える水分をホエイにすること。
マフィンは粉の分量が多めなので、2回に分けて混ぜるのがコツです。

材料（口径7cm×高さ3cmのマフィン型5個分）

バター —— 60g

グラニュー糖 —— 70g

卵 —— 1個

A［ 薄力粉 —— 140g
　　ベーキングパウダー —— 小さじ1⅓

ホエイ* —— 60㎖
　　またはプレーンヨーグルト（無糖）20g＋水40㎖

レモン汁 —— 大さじ1

はちみつ —— 大さじ1

レモンの皮のすりおろし —— 少々

レモンアイシング（p.14参照） —— 同量

＊ヨーグルトを水きりしたときに出る液体。
　乳清ともいわれる。

下準備

・バター、卵は室温にもどす。

・ヨーグルト120gはペーパータオルを敷いたざ
　るにのせ、30分〜1時間水きりをしてホエイを
　作り、60㎖を量る。

・型に紙カップを入れる。→p.8

・オーブンは180℃に予熱する。

1　ボウルにバターとグラニュー糖を入れ、泡立て器
　　で白っぽくなるまですり混ぜる。

2　1に溶き卵を分離しないように少しずつ加え（a）、
　　そのつどしっかり混ぜる。

3　合わせたAを2に⅓量ふるい入れ（b）、泡立て
　　器でさっくりと混ぜる。ホエイ（c）とレモン汁、
　　はちみつを加え、ゴムべらに替えてざっと混ぜる。

4　Aの残りをふるいながら加え、ゴムべらで粉気が
　　なくなるまでさっくりと混ぜ（d）、レモンの皮
　　のすりおろしを加える（e）。

5　準備した型に4を均等に入れ（f）、180℃のオー
　　ブンで20分ほど焼く。

6　粗熱が取れたら、好みでレモンアイシングをスプ
　　ーンで塗って乾かす。

STRAWBERRY

ストロベリーマフィン

見た目もキュートないちごが、ジューシーで後を引くおいしさ。
ローズマリーの香りを添えて。

材料（口径7cm×高さ3cmのマフィン型6個分）

いちご —— 70g

バター —— 60g

グラニュー糖 —— 70g

卵 —— 1個

A ┌ 薄力粉 —— 140g
　└ ベーキングパウダー —— 小さじ1⅓

ホエイ（p.12参照） —— 60mℓ
　　またはプレーンヨーグルト（無糖）20g＋水40mℓ

レモン汁 —— 小さじ1

はちみつ —— 大さじ1

レモンの皮のすりおろし —— 少々

あればローズマリー —— 少々

下準備

レモンマフィン（p.12）と同様にする。

1 いちごはへたを取り、飾り用に6枚薄切りにし、残りはフィリング用に縦4等分に切る。

2 レモンマフィンの1〜4と同様の手順で作り、最後にフィリング用のいちごを加えてざっと混ぜる（**a**）。

3 準備した型に2を均等に入れ、いちごをトッピングし、ローズマリーをのせる（**b**）。180℃のオーブンで20分ほど焼く。

レモンアイシング

さわやかなレモン風味のアイシング。塗ったり、線描きにしてデコレーションを。

材料（作りやすい分量）

粉砂糖 —— 50g

レモン汁 —— 小さじ2〜

1 小さな容器に粉砂糖を入れ、レモン汁を中心に加えて粉砂糖を溶くように混ぜていく。スプーンですくったときにゆっくりと落ちるようになったらOK。

2 やわらかすぎるときは粉砂糖を足し、かたすぎるときはレモン汁で調節する。スプーンで塗ったり、細い線状にかけたりしてデコレーションする。

アレンジ
2

ブルーベリー＆ポピーシードマフィン

アメリカンマフィンの定番といえば、このブルーベリー。
冷凍のものを使うときは、解凍せずに加えます。

材料（口径7cm×高さ3cmのマフィン型6個分）

バター ── 60g

グラニュー糖 ── 70g

卵 ── 1個

A
薄力粉 ── 140g
ベーキングパウダー ── 小さじ1⅓

ホエイ（p.12参照） ── 60mℓ
　　またはプレーンヨーグルト（無糖）20g＋水40mℓ

レモン汁 ── 小さじ1

はちみつ ── 大さじ1

レモンの皮のすりおろし ── 少々

ブルーベリー ── 80g

ポピーシード（ブルー） ── 大さじ2

レモンアイシング（p.14参照） ── 同量

下準備

レモンマフィン（p.12）と同様にする。

1 レモンマフィンの1〜4と同様の手順で作り、最後にブルーベリーとポピーシードを加えてざっと混ぜる。

2 準備した型に1を均等に入れ、180℃のオーブンで20分ほど焼く。

3 粗熱が取れたらレモンアイシングをスプーンで線状にたらりとかける（写真）。

アレンジ
3

バナナマフィン

バナナの甘さにマーマレードがよく合います。毎日食べても飽きないおいしさ。

材料（口径7cm×高さ3cmのマフィン型6個分）

バナナ ── 1本

バター ── 60g

グラニュー糖 ── 70g

卵 ── 1個

A
薄力粉 ── 140g
ベーキングパウダー ── 小さじ1⅓

ホエイ（p.12参照） ── 60mℓ
　　またはプレーンヨーグルト（無糖）20g＋水40mℓ

レモン汁 ── 小さじ1

はちみつ ── 大さじ1

レモンの皮のすりおろし ── 少々

マーマレード ── 30g

下準備

レモンマフィン（p.12）と同様にする。

1 バナナは半分を1cm角に、残り半分をトッピング用に1cm厚さの輪切りにする。

2 レモンマフィンの1〜4と同様の手順で作り、最後に角切りにしたバナナとマーマレードを加えてざっと混ぜる。

3 準備した型に2を均等に入れ、輪切りにしたバナナをトッピングし、180℃のオーブンで20分ほど焼く。

アップルクランブルマフィン　作り方 p.**19**

パンプキンスパイスマフィン

かぼちゃの甘みとシナモンやジンジャーのスパイスが溶け合った
エキゾチックな香りのマフィン。おやつにもモーニングマフィンとしても。
これだけで食べても十分おいしいけれど、チーズクリームをトッピングすると最高!

材料（口径7㎝×高さ3㎝のマフィン型6個分）

かぼちゃ —— 200g（種とわたを除く）
バター —— 100g
ブラウンシュガー（きび砂糖でも）—— 80g
卵 —— 2個
A ┌ 薄力粉 —— 130g
　│ ベーキングパウダー —— 小さじ1⅓
　│ シナモンパウダー —— 小さじ¼
　│ ナツメグパウダー、ジンジャーパウダー、
　│ 　カルダモンパウダーなどから好みで
　└ 　—— 小さじ¼
レモン汁 —— 大さじ½
レーズン —— 40g
〈チーズクリーム〉
　┌ クリームチーズ —— 50g
　│ バター —— 10g
　└ 粉砂糖 —— 15g

下準備

・バター、卵、クリームチーズは室温にもどす。
・レーズンは湯通しする。
・型にオーブンシートのカップを入れる。→p.8
・オーブンは180℃に予熱する。

1 かぼちゃはふんわりとラップで包み、電子レンジで2分加熱する。トッピング用として80gを取り分け、7～8㎜厚さの薄切りにする。残りはさらに電子レンジで2分加熱して、皮を除き、つぶしてペースト状にする（**a**）。

2 ボウルにバターとブラウンシュガーを入れ、泡立て器で白っぽくなるまですり混ぜる。

3 2に溶き卵を分離しないように少しずつ加え、そのつどしっかり混ぜる。

4 合わせた**A**を3に⅓量ふるい入れ、さっくりと混ぜる。

5 1のかぼちゃのペーストとレモン汁、レーズンを加えてゴムべらでざっと混ぜ（**b**）、**A**の残りをふるい入れる（**c**）。粉気がなくなるまで切るようにさっくりと混ぜる（**d**）。

6 準備した型に5を均等に入れ、1のトッピング用かぼちゃを差し、180℃のオーブンで20分ほど焼く。

7 チーズクリームを作る。ボウルにクリームチーズ、バターを入れてゴムべらで練ってクリーム状にし、粉砂糖を加えてなじむまで混ぜる。

8 6の粗熱が取れたら、表面にチーズクリームを塗り、好みでシナモンパウダー（分量外）をふる。

アップルクランブルマフィン

上にのせたりんごのしんなりした食感とサクサクのクランブルの対比がおいしいマフィン。
砂糖はブラウンシュガーを使うことで、コクが増します。
クランブルは多めに作って冷凍しておくと便利。

材料（口径7cm×高さ3cmのマフィン型6個分）

〈クランブル〉

薄力粉 —— 30g

きび砂糖 —— 30g

アーモンドパウダー —— 20g

バター —— 20g

シナモンパウダー —— 少々

りんご（紅玉）—— 1/2個

バター —— 60g

ブラウンシュガー（きび砂糖でも）—— 70g

卵 —— 1個

A ［ 薄力粉 —— 140g
　　ベーキングパウダー —— 小さじ1 1/3

ホエイ（p.12参照）—— 60ml
　　またはプレーンヨーグルト（無糖）20g＋水40ml

レモン汁 —— 小さじ1

はちみつ —— 大さじ1

下準備

・生地のバター、卵は室温にもどす。

・ヨーグルト120gはペーパータオルを敷いたざ
　るにのせ、30分〜1時間水きりをしてホエイ
　を作り、60mlを量る。

・クランブルのバターは1cm角に切り、冷蔵庫で
　冷やしておく。

・型に紙カップを入れる。→p.8

・オーブンは180℃に予熱する。

1 クランブルを作る。ボウルにすべての材料を入れ、
　カードでバターを刻みながら（**a**）手早く混ぜる。バ
　ターが5mm大になったら両手ですり合わせるように
　して混ぜ（**b**）、指でつまむようにして（**c**）そぼろ
　状にする（**d**）。冷凍庫で冷やしておく。

2 りんごは半分を皮つきのまま縦薄切りに、残りは皮
　をむいていちょう切りにする。

3 ボウルにバターとブラウンシュガーを入れ、泡立て
　器で白っぽくなるまですり混ぜる。

4 3に溶き卵を分離しないように少しずつ加え、その
　つどしっかり混ぜる。

5 合わせたAを4に1/3量ふるい入れ、さっくりと混ぜ
　る。ホエイとレモン汁、はちみつを加えてざっと混
　ぜる。

6 Aの残りをふるいながら加え、ゴムべらに替えてさ
　っくりと混ぜる。最後にいちょう切りにしたりんご
　を加え、ざっと混ぜる。

7 準備した型に6を均等に入れ、上に薄切りのりんご
　を並べ、1のクランブルをのせる。

8 180℃のオーブンで20分ほど焼く。

ラズベリーチョコマフィン

オイルで軽やかに仕上げたチョコレートマフィンに甘酸っぱいラズベリーがアクセント。
クリームでデコレーションすれば、華やかな見た目に。

材料（口径7cm×高さ3cmのマフィン型6個分）

卵 —— 1個
グラニュー糖 —— 70g
ごま油（白）または米油 —— 50㎖
A｜薄力粉 —— 100g
　｜ココア —— 10g
　｜ベーキングパウダー —— 小さじ2/3
ラズベリー（冷凍） —— 50g
プレーンヨーグルト（無糖） —— 30g
レモン汁 —— 小さじ1
製菓用チョコレート（カカオ分60%以上） —— 20g
〈チョコレートクリーム〉
　｜製菓用チョコレート（カカオ分60%以上） —— 50g
　｜牛乳 —— 40㎖
　｜生クリーム —— 120〜140㎖
あればエディブルフラワー —— 少々

下準備

・卵は室温にもどす。
・チョコレートは細かく刻む。
・型にアルミカップまたは
　紙カップを入れる。→p.8
・オーブンは180℃に予熱する。

1　ボウルに卵を溶き、グラニュー糖を加えて、泡立て器でよくすり混ぜる。ごま油を少しずつ加え（**a**）、マヨネーズ状になるまで混ぜる。

2　合わせたAを1に1/3量ふるい入れ、泡立て器で混ぜる（**b**）。

3　ラズベリー、ヨーグルト、レモン汁を合わせて混ぜたものを加え（**c**）、ざっと混ぜる。

4　Aの残りをふるいながら加え、ゴムべらでさっくりと混ぜる。刻んだチョコレートを加えてざっと混ぜ、準備した型に均等に入れる。

5　180℃のオーブンで15〜20分焼く。

6　チョコレートクリームを作る。ボウルにチョコレートを入れ、沸騰直前まで温めた牛乳を加え、ゴムべらでゆっくり混ぜてチョコレートを溶かす。粗熱が取れたら生クリーム100㎖を少しずつ加え、角がゆるく立つくらいに泡立てる。

7　星口金をつけた絞り出し袋にチョコレートクリームを入れ、粗熱が取れた5に絞り出す（**d**）。あれば上にエディブルフラワーを飾る。

memo　チョコレートクリームは、冷めるとチョコレートが固まり、かたくなる。絞りにくいときは、残した生クリームで20〜40㎖で調整するとよい。

モヒートマフィン

ライムとパイナップルでさわやかな酸味を、ミントで清涼感をプラス。
仕上げのマスカルポーネクリームがマフィンの味を引き立てます。

材料（口径7cm×高さ3cmのマフィン型6個分）

バター ────── 70g
グラニュー糖 ────── 70g
卵 ────── 1個
A ┌ 薄力粉 ────── 130g
　└ ベーキングパウダー ────── 小さじ1⅓
ホエイ（p.12参照） ────── 60㎖
　または プレーンヨーグルト（無糖）
　　20g＋水40㎖
ライム果汁 ────── 小さじ1
はちみつ ────── 小さじ2
パイナップル（缶詰・1cm角に切る） ────── 2切れ
スペアミント（みじん切り） ────── 大さじ1
ライムの皮のすりおろし ────── 少々
〈マスカルポーネクリーム〉
　マスカルポーネ ────── 100g
　グラニュー糖 ────── 小さじ1
　はちみつ ────── 小さじ2
　生クリーム ────── 50㎖
ホイップクリーム、ライム（くし形切り）、
　スペアミント ────── 各適量

下準備

・バター、卵は室温にもどす。
・ヨーグルト120gはペーパータオルを敷いたざ
　るにのせ、30分〜1時間水きりをしてホエイ
　を作り、60㎖を量る。
・型に紙カップを入れる。→p.8
・オーブンは180℃に予熱する。

1 ボウルにバターとグラニュー糖を入れ、泡立て器で
　白っぽくなるまですり混ぜる。

2 1に溶き卵を分離しないように少しずつ加え、その
　つどしっかり混ぜる。

3 合わせたAを2に⅓量ふるい入れ、さっくりと混ぜ
　る。ホエイとライム果汁、はちみつを加えてざっと
　混ぜる。

4 Aの残りをふるいながら加え、ゴムべらに替えてさ
　っくりと混ぜ、パイナップル、ミント（a）、ライム
　の皮のすりおろしを加え、ざっと混ぜる（b）。

5 準備した型に4を均等に入れ、180℃のオーブンで
　20分ほど焼く。

6 マスカルポーネクリームを作る。マスカルポーネに
　グラニュー糖とはちみつを入れて混ぜ、生クリーム
　を少しずつ加えて混ぜる。

7 5の粗熱が取れたら6をのせ、ホイップクリーム、
　ライム、ミントを飾る。

23

トマトポテトマフィン　作り方 p.**26**

トマトポテトマフィン　作り方 p.**26**

トマトポテトマフィン

くせのないサクッとしたオイル生地のサレマフィンは野菜と好相性。
生地は練らずに、菜箸でぐるぐる混ぜるのがポイントです。

材料（口径6.6cm×高さ4cmの紙カップ6個分）

じゃがいも —— 1個（100g）
A 薄力粉 —— 180g
　 ベーキングパウダー —— 小さじ1½
　 塩 —— 小さじ¼
卵 —— 1個
ごま油（白）または米油 —— 60㎖
牛乳 —— 80㎖
ミニトマト（横半分に切る）—— 10個
バジル（ちぎる）—— 2～3枚
パルミジャーノ・レッジャーノのすりおろし
（粉チーズでも）—— 大さじ2

下準備

・卵は室温にもどす。
・オーブンは190℃に予熱する。

1 じゃがいもは洗ってラップで包み、電子レンジで3分ほど加熱する。皮をむき、1.5cm角に切る。

2 ボウルにAの粉類をふるい入れ、泡立て器でぐるぐると混ぜる（a）。

3 溶き卵にごま油と牛乳を加えて（b）よく混ぜ、2に少しずつ加え（c）、菜箸でぐるぐると混ぜる（d）。

4 1とミニトマトの半量、バジルを加えてざっと混ぜる（e）。

5 型に均等に入れ、上に残りのトマトをのせ、チーズをふる（f）。190℃のオーブンで20分ほど焼く。

memo　3で菜箸で混ぜるのは、生地を練らないようにするため。泡立て器だと生地が中に入ってしまい、混ぜにくい。

ブロッコリーとチーズのマフィン

かためにゆでたブロッコリーとチーズのマフィンはカレー粉が隠し味。
1個でも食べ応えがあるので、おやつや朝食にしても。

材料（口径7cm×高さ3cmのマフィン型6個分）

ブロッコリー —— 100g
A 薄力粉 —— 180g
　 ベーキングパウダー —— 小さじ1½
　 塩 —— 小さじ¼
卵 —— 1個
ごま油（白）または米油 —— 60㎖
牛乳 —— 80㎖
チェダーチーズのすりおろし —— 30g
カレー粉 —— 小さじ½

下準備

・卵は室温にもどす。
・型に紙カップを入れる。→p.8
・オーブンは190℃に予熱する。

1 ブロッコリーは小房に分けて、かために塩ゆでする。

2 トマトポテトマフィンの作り方2～3と同様に作り、1とチェダーチーズ、カレー粉を加えて（写真）ざっと混ぜる。

3 型に均等に入れ、190℃のオーブンで20分ほど焼く。

2

パイ&キッシュ

パイ生地は市販のパイシートを利用するか、食パンを使って手軽に。
食パンをマフィン型で焼くとサクサク感が増し、パイ生地のような食感と表情が再現できます。
また、ホールのように切り分ける手間がなく、やわらかなクリームを詰められるのも魅力。

キーライムパイ風　作り方 p.**30**

エッグタルト　作り方 p.**30**

キーライムパイ風

フロリダの柑橘・キーライムを使った甘酸っぱくクリーミーなパイを、ライムでアレンジ。

材料（口径7cm×高さ3cmのマフィン型6個分）

冷凍パイシート（20cm四方）—— 1½枚
粉砂糖 —— 大さじ1
卵黄 —— 1個分
練乳 —— 120ml
生クリーム —— 大さじ2
ライム果汁 —— 大さじ4
ライムの皮 —— 少々
〈メレンゲ〉
　卵白 —— 1個分
　グラニュー糖 —— 15g

下準備

・オーブンは180℃に予熱する。

1 パイシートは1枚を4等分の帯状に切り、½枚を縦半分に切る。端からクルクルと巻いて（**a**）型に入れる。

2 指で中心を押し込み、型の縁に沿わせるように均一に押し広げる（**b**）。

3 底にフォークを刺して空気穴を開け、縁に粉砂糖をふる。オーブンシートをのせ、さらに重石をのせて（**c**）、180℃のオーブンで20分ほどから焼きをする。

4 ボウルに卵黄、練乳を入れて泡立て器で混ぜ（**d**）、生クリーム、ライム果汁の順に加えてさらに混ぜ、ライムの皮をすりおろして加える（**e**）。

5 3の粗熱が取れたら、4を流し入れる（**f**）。180℃のオーブンで5〜6分焼いて、粗熱を取る。

6 メレンゲを作る。ボウルに卵白を入れ、グラニュー糖を加えてハンドミキサーでつやが出てピンと角が立つまで泡立てる。

7 5にメレンゲを均等にのせ、220℃のオーブンでメレンゲに軽く焼き色がつくまで3分ほど焼く。粗熱が取れたら、ライムの皮のすりおろしを散らす。

エッグタルト

独特な成形法のサクサクのパイがエッグソースに絶妙にマッチしたマカオ風エッグタルト。

材料（口径7cm×高さ3cmのマフィン型6個分）

冷凍パイシート（20cm四方）—— 1½枚
〈エッグソース〉
　卵黄 —— 2個分
　グラニュー糖 —— 30g
　コーンスターチ —— 6g
　牛乳 —— 160ml
　練乳 —— 60ml
　バニラビーンズ —— ⅙本
　　またはバニラビーンズペースト —— 少々

下準備

・バニラビーンズは種子をしごき出す。
・オーブンは190℃に予熱する。

1 パイシートはキーライム風パイの作り方**1**〜**2**と同様の手順で型に敷き込む。

2 エッグソースを作る。ボウルに卵黄とグラニュー糖を入れ、泡立て器で白っぽくなるまで混ぜる。コーンスターチを加えて混ぜ、牛乳と練乳、バニラビーンズを加えてさらに混ぜる。

3 2にラップをかけて電子レンジで2分加熱する。泡立て器でしっかり混ぜ、ラップをかけて再度1分加熱する。さらにしっかり混ぜ、その後様子を見ながら10秒ずつ30秒を目安に加熱する。泡立て器で混ぜて軽いとろみがつけばOK。粗熱を取る。

4 1に3のソースを入れ、190℃のオーブンで約15分、180℃に下げて15〜20分焼く。

マロンパイ

大ぶりの栗を、混ぜるだけのアーモンドクリームで包んだ、ぜいたくなプティパイ。
栗と相性のよいラム酒をクリームやシロップにきかせるとワンランク上の味わいに。

材料（口径7cm×高さ3cmのマフィン型6個分）
〈アーモンドクリーム〉
　バター —— 50g
　粉砂糖 —— 30g
　卵 —— 1個
　アーモンドパウダー —— 50g
　ラム酒 —— 小さじ2
冷凍パイシート（20cm四方）—— 1½枚
レーズン —— 40g
ラム酒 —— 小さじ1
栗の渋皮煮* —— 6個
〈シロップ〉
　グラニュー糖 —— 20g
　水 —— 20mℓ
　ラム酒 —— 小さじ2

*栗の甘露煮やマロングラッセでも。

下準備
・ バター、卵は室温にもどす。
・ レーズンは湯通しし、ラム酒をふっておく。
・ 型にバター（分量外）を塗る。→p.8
・ オーブンは190℃に予熱する。

1 アーモンドクリームを作る。ボウルにバターを入れ、粉砂糖を加えて泡立て器ですり混ぜる。次に溶き卵とアーモンドパウダーを入れてよく混ぜ、ラム酒を加えて混ぜる。

2 パイシートは1枚を4等分、½枚を半分に、正方形にカットする。オーブンシートではさみ、めん棒でそれぞれ12cm四方にのばす（a）。

3 準備した型にパイシートを入れ、型に沿わせるように密着させる。底にフォークで空気穴を開け（b）、1のクリーム、レーズン、栗の渋皮煮の順に入れる（c）。パイシートを巾着のようにたたんで包み（d）、生地をつまんでとじる。

4 190℃のオーブンで30〜40分焼く。

5 耐熱容器にシロップの材料を入れ、電子レンジで30秒加熱して混ぜる。4の焼きたてに刷毛でさっと塗る。

クイニーアマン

食パン、バター、砂糖、パイシートのわずか4つの材料で作るクイニーアマン。
有塩バターのほどよい塩気が甘さを引き立て、後を引くおいしさ。
市販品より、バター、砂糖が少ないので、軽やかな仕上がりです。

材料（口径7cm×高さ3cmのマフィン型6個分）

食パン（10枚切り）…… 6枚
バター（有塩）…… 80〜90g
グラニュー糖 …… 100g
冷凍パイシート（20cm四方）…… 1枚

下準備

・バターは室温にもどす。
・オーブンは200℃に予熱する。
・型にバター（分量外）を塗り、1個につきグラ
　ニュー糖を小さじ1（分量外）ずつふっておく。
　→p.9　200℃のオーブンで、砂糖があめ状に
　溶けるまで5分ほど焼く。

1 食パンの耳を切り（パンの耳で作れる渦巻きパイ参
　照）、パン1枚につきバター大さじ1ずつを塗って、
　グラニュー糖小さじ2ずつをふる。縦3等分に切る。

2 1枚目をクルクルと巻き（a）、それを芯にして2枚目、
　3枚目と続けて渦巻き状に巻いていく。

3 パイシートを6等分に帯状に切り、それぞれにグラ
　ニュー糖小さじ1を目安にふる。パイシートに2を
　のせ、クルクルと渦巻き状に巻き（b）、巻き終わり
　をつまんでとじる。

4 型に3の断面を上にして入れ、残ったグラニュー糖
　をふり、残ったバターを散らす（c）。上にオーブン
　シート、バットの順にのせ（d）、200℃のオーブン
　で20〜25分焼く。バットとオーブンシートをはず
　し、さらに10分ほど焼く。

パンの耳で作れる渦巻きパイ

パンの耳は写真左のように切って、バターを塗り、
グラニュー糖をまぶす。端からクルクルと写真右
のように渦巻き状に巻いて、バターを塗り、グラ
ニュー糖をふった型に入れる。表面に残ったバタ
ーを散らし、グラニュー糖をふって、200℃のオ
ーブンで15分ほど焼く。

a

b

c

d

ハムと玉ねぎのパンキッシュ

まず底にチーズを敷いて焼き、パン生地の液漏れを防止します。
多少漏れても、フレンチトーストのようなおいしさが楽しめます。

材料（口径7cm×高さ3cmのマフィン型6個分）

食パン（10枚切り）—— 6枚
バター —— 50g
ピザ用チーズ —— 50g
〈アパレイユ〉
　卵 —— 2個
　牛乳 —— 50㎖
　生クリーム —— 50㎖
　塩、こしょう —— 各少々
ロースハム（半分に切る）—— 6枚
玉ねぎ（薄切り）—— 1/2個

下準備

・型にバター（分量外）を塗る。→p.8
・オーブンは180℃に予熱する。

1 食パンは耳を切り、四隅に切り込みを入れる（**a**）。ラップではさんで、めん棒で薄くのばす（**b**）。真ん中は薄く縁を多めにバターを塗り、型に敷き込む。

2 1に等分にチーズを入れ（**c**）、180℃のオーブンで5分ほど、チーズが溶けるまで焼く（**d**）。

3 アパレイユを作る。ボウルに卵と牛乳、生クリームを入れて泡立て器でよく混ぜ、こす。塩、こしょうで味をととのえる。

4 2にハム、玉ねぎを等分に入れ（**e**）、3を注いで（**f**）180℃のオーブンで15分ほど焼く。

サーモンとセロリのパンキッシュ

パイ生地代わりの食パンがサクサクと香ばしいパンキッシュ。
アパレイユは一度こすと、なめらかな口当たりに。

材料（口径7cm×高さ3cmのマフィン型6個分）

食パン（10枚切り）—— 6枚
バター —— 50g
ピザ用チーズ —— 50g
〈アパレイユ〉
　卵 —— 2個
　牛乳 —— 50㎖
　生クリーム —— 50㎖
　塩、こしょう —— 各少々
セロリ —— 1/2本
オリーブ油 —— 適量
スモークサーモン —— 6枚

下準備

・型にバター（分量外）を塗る。→p.8
・オーブンは180℃に予熱する。

1 下準備、作り方1〜3までは上記と同様に作る。

2 セロリは筋を引いて薄切りにし、オリーブ油でさっとソテーする。

3 型にスモークサーモン、セロリを入れ（写真）、アパレイユを注いで180℃のオーブンで15分ほど焼く。

パンの耳でも作れるパンキッシュ

紙カップにバターを塗った耳をサイコロ状に切って入れる。玉ねぎ、ハム（サーモン、セロリでも）、チーズを入れてアパレイユを注ぐ。180℃のオーブンで15分ほど焼く。

オードブル

春巻きの皮とサラミでカップを作り、
サラダや野菜のマッシュを詰めてオードブルに。
マフィン型はお菓子だけでなく、
こんなパーティのテーブルでも活躍してくれます。

フムスとキャロットラペ

アボカドとえびのサラダ

里いものマッシュ

ポテトサラダ

春巻きカップ──アボカドとえびのサラダ／フムスとキャロットラペ

材料（口径7cm×高さ3cmのマフィン型各3〜4個分）
春巻きの皮（15cm四方）────── 6〜8枚
バターまたはオリーブ油 ──── 小さじ6〜8

《フィリングa／アボカドとえびのサラダ（3〜4個分）》
アボカド1個（150g）　むきえび50g　A（マヨネーズ
30g　スイートチリソース小さじ1　豆板醤小さじ½
香菜の茎の粗みじん切り3本分）　プリーツレタス適量

《フィリングb／フムスとキャロットラペ（3〜4個分）》
〈フムス〉
ひよこ豆（水煮缶）50g　白練りごま大さじ1　オリー
ブ油大さじ1　プレーンヨーグルト（無糖）大さじ1
塩小さじ¼　レモン汁少々　クミンシード少々
〈キャロットラペ〉
にんじん1本（120g）　B（オリーブ油大さじ1　白ワ
インビネガー小さじ1　塩少々　コリアンダーシード小
さじ⅓）　プリーツレタス適量

下準備
・ オーブンは180℃に予熱する。

1 春巻きの皮の両面に溶
かしバター小さじ1ほ
どを刷毛で塗る。型に
ひだを寄せながらしっ
かり底面の縁にくっつ
けるように敷き、180
℃のオーブンで8分ほ
ど、こんがり色づくま
で焼く。型からはずし、網の上で冷ます。

2 フィリングaを作る。アボカドは1.5cm角に切
り、えびは塩ゆでする。2つを合わせ、Aであ
える。プリーツレタスを敷いた1に等分に詰め
る。

3 フィリングbを作る。フムスのひよこ豆は水気
をきり、すべての材料をミキサーまたはブレン
ダーにかけてなめらかなペースト状にする。キ
ャロットラペのにんじんはスライサーで細切り
にし、Bであえる。プリーツレタスを敷いた1
にフムス、キャロットラペの順に等分に詰める。

サラミカップ──ポテトサラダ／里いものマッシュ

材料（口径4.4cm×高さ2.4cmのマフィン型各5個分）
サラミ（直径7cm・薄切り）────── 30枚

《フィリングa／ポテトサラダ》
じゃがいも1個（約120g）　A（牛乳少々　マヨネー
ズ大さじ2　レモン汁少々）　きゅうりの薄切り、ミニト
マトの薄切り各少々

《フィリングb／里いものマッシュ》
里いも2個（約120g）　B（アンチョビのみじん切り1
枚分　牛乳大さじ1　パセリのみじん切り小さじ1
オリーブ油小さじ1　レモン汁小さじ½　こしょう
少々）　イタリアンパセリ少々

下準備
・ オーブンは150℃に予熱する。

1 型にサラミを3枚ずつ
花びら形になるように
敷き、150℃のオーブ
ンで20分ほど焼く。
冷めたら型からはずす。

2 フィリングaを作る。
じゃがいもは洗ってラ
ップで包み、電子レン
ジで3〜4分加熱する。皮をむいてマッシュし、
Aを混ぜる。1に等分に詰め、きゅうりとトマ
トを飾る。

3 フィリングbを作る。里いもは洗ってラップで
包み、電子レンジで2〜3分加熱する。皮をむ
いてマッシュし、Bを混ぜる。1に等分に詰め、
イタリアンパセリを飾る。

3 フランス風焼き菓子

フランスでおなじみの定番菓子や地方の郷土菓子など、長く愛されている焼き菓子。
専用の型がなくてもマフィン型があれば、キュートに仕上がります。
どれも材料を混ぜるだけ、と簡単。さらに焼き時間が短いのも魅力です。

マドレーヌ　作り方 p.44

フィナンシェ　作り方 p.45

マドレーヌ

バターの風味が甘く香る、しっとり食感のマドレーヌは、おへそができるのが成功の証し。
フィリングにいちごジャムを入れると、さわやかな酸味がアクセントに。

材料（口径7cm×高さ3cmのマフィン型6個分）

バター —— 65g
牛乳 —— 小さじ2
はちみつ —— 小さじ1
卵 —— 1個
グラニュー糖 —— 40g
レモン汁 —— 小さじ1
レモンの皮のすりおろし —— 少々
A 薄力粉 —— 70g
　 ベーキングパウダー —— 小さじ1

下準備

・卵、牛乳は室温にもどす。
・型にバター（分量外）を塗り、強力粉（分量外）をふる。→p.8
・オーブンは190℃に予熱する。

1 フライパンに湯を沸かし、バターを湯せんで溶かす（**a**）。バターが溶けたら火を止め、湯に浸したままにして温めておく。

2 牛乳にはちみつを加えてよく混ぜる。

3 ボウルに卵、グラニュー糖を入れ、泡立て器ですり混ぜる。**2**とレモン汁、レモンの皮のすりおろしを加えて混ぜる。

4 **A**の粉類を合わせてふるい入れ、粉気がなくなるまで混ぜる。

5 **1**の温かい溶かしバターを少しずつ加えて、底から全体になじむまで混ぜる（**b**）。2時間以上（できれば一晩）冷蔵庫で休ませる。よく冷やしてから生地を焼くと、温度差で中心におへそができる。

6 **5**を型に均等に入れ、190℃のオーブンで12分ほど焼く。焼けたらすぐに型から取り出し、網にのせて粗熱を取る。

アレンジ

いちごジャムのマドレーヌ

上の作り方**6**で型に生地を入れたら、1個につきいちごジャム小さじ$\frac{1}{2}$を生地に埋めるようにして入れる。

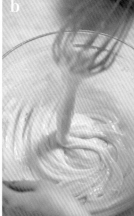

フィナンシェ

外はカリッと、中は焦がしバターとアーモンドが香るしっとり食感。
同じ生地にほうじ茶を加えるアレンジで、香ばしい風味が満喫できます。

材料（口径4.4cm×高さ2.4cmのマフィン型12個分）

バター —— 60g
卵白 —— 2個分（60g）
グラニュー糖 —— 50g
A ┌ アーモンドパウダー —— 40g
　└ 薄力粉 —— 25g
はちみつ —— 大さじ1

下準備
・型にバター（分量外）を塗り、強力粉（分量外）
　をふる。→p.8
・オーブンは200℃に予熱する。

1 焦がしバターを作る。小鍋にバターを入れて弱火に
　かける。全体が溶けたら中火にして、ときどき鍋を
　回しながら加熱する。薄茶色に色づき、表面が泡立
　ち、バターの香りがして底に焦げが出てきたら（a）
　火を止める。茶こしを通してこし、保温しておく。

2 ボウルに卵白を入れ、泡立て器でなるべく空気を入
　れないように混ぜ、グラニュー糖を加えて混ぜる。

3 Aの粉類を合わせてふるい入れ、なめらかになるま
　で泡立て器で混ぜる。

4 3に焦がしバター（b）とはちみつを加える。ボウル
　の底からしっかり混ぜ、つやが出て全体が均一にな
　ったら、半日以上（できれば一晩）冷蔵庫で休ませ
　る。バターが凝固して生地全体がまとまる。

5 4を型に均等に入れ、200℃のオーブンで12〜15分
　を目安に焼く。焼き上がったらすぐに型から取り出
　し、網にのせて粗熱を取る。

memo 4で焦がしバターを加えるときに、温度が
40〜50℃になっていればよい。

アレンジ

ほうじ茶フィナンシェ

上の作り方3でほうじ
茶のティーバッグ1袋
（1.8g）を加えて同様に
作る。

ガレット・ブルトンヌ

外側はサクサク、中はほろほろのブルターニュ生まれの厚焼きクッキー。
厚めに焼くとソフトに、薄めに焼くとクッキーのようなサクッとした食感に。
バターの分量が多い生地なので、型に入れることで広がらずに焼けます。

材料（口径7cm×高さ3cmのマフィン型6個分）

バター（有塩）* —— 100g
粉砂糖 —— 60g
卵黄 —— 1個分
薄力粉 —— 100g

＊食塩不使用バターを使う場合は塩ひとつまみを加える。

下準備

・バターは室温にもどす。
・型にバター（分量外）を塗り、強力粉（分量外）をふる。→p.8
・オーブンは160℃に予熱する。

1 ボウルにバターを入れ、粉砂糖を加え、泡立て器でふんわりするまで混ぜる。卵黄を加えてさらに混ぜる。

2 薄力粉をふるい入れ、ゴムべらに替えて底からしっかりと混ぜる。

3 準備した型に2をスプーンで高さ1.5cmほどになるまで入れる。指に水をつけて表面をならす（a）。

4 表面に同量の水で溶いた卵黄（分量外）を指で薄く塗り（b）、160℃のオーブンで35〜40分焼く。

ガレット・ブルトンヌ　チョコ風味

ドライいちじく2個を3〜4等分にしてさっと湯通しし、ラム酒大さじ1をふっておく（写真左）。上の作り方2で薄力粉90gにココア10gを合わせてふるい入れる。3で型に生地を少し入れ、ドライいちじくのラム酒漬けと板チョコ1/2かけをのせ、上に生地をかぶせて（写真右）平らにならし、同様に焼く。

memo　ココア生地にシナモンパウダー少々を加えてもおいしい。

タルト・タタン

ガレット・ブルトンヌの生地をタルト生地に応用したミニサイズのタルト・タタン。
カラメル色まで煮詰め、うまみが凝縮したりんごとのハーモニーが絶妙です。

材料（口径7.8cm×高さ3.7cmのマフィン型6個分）

ガレット・ブルトンヌの生地（p.47参照）
…… 同量
りんご（紅玉）…… 4〜5個*
グラニュー糖 …… 100g
グラニュー糖 …… 大さじ2
好みでホイップクリーム …… 適量

*大きめなら4個、小さめなら5個で。

下準備

・ 型にバター（分量外）を塗り、帯状に切ったオーブンシートを敷く。→p.9
・ オーブンは170℃に予熱する。

つやよく仕上げるには

鍋にりんごの皮と芯（種）を入れ、水1カップを加えて10分ほど、半量になるまで煮出す。ペクチンが出たこの煮汁は、りんごを炒めていて水分があまり出ないときに加えたり、煮詰まったときに足すとつやよく仕上がる。

1 p.47の作り方1〜2を参照してガレット・ブルトンヌの生地を作る。一つにまとめ、めん棒で7mm厚さにのばし、冷凍庫に入れて休ませる。

2 りんごは12等分のくし形切りにし、皮と芯を取る。さらに横半分に切る。

3 フライパンにグラニュー糖70gと水大さじ1½（分量外）を入れて強火にかけ、まわりから色づいて焦げ茶色になってきたら（a）りんごを加える。火を弱めて、りんごの表面が透き通ってしんなりするまで炒める（b）。グラニュー糖30gを加えて、りんご全体がカラメル色になったら火を止める。

4 準備した型にグラニュー糖を小さじ1ずつ入れ、3のりんごを表面が平らになるように隙間なく敷き詰め（c）、そのままおいて冷ます。

5 1の生地を直径7cmの抜き型などで抜き、4の上にのせる。フォークで空気穴を開け（d）、170℃のオーブンで20分、160℃に下げて15分焼く。粗熱が取れたら冷蔵庫で冷やす。

6 型から抜いて器に盛り、ホイップクリームを添える。

memo 余ったガレット・ブルトンヌの生地はマフィン型で焼いて。型から抜くときはさっとお湯につけ、ナイフを側面に回し入れ、オーブンシートと型の間にナイフを入れ、空気を入れてひっくり返す。

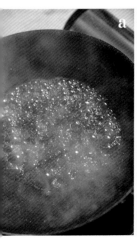

ファーブルトン

表面はカリッ、中は弾力のあるもっちりとした食感の、ブルターニュ地方の郷土菓子。
ゆるい生地なので、型にたっぷりバターとグラニュー糖をまぶしておくのが
こびりつかないコツ。グラニュー糖が溶け、キャラメルのような香ばしさがプラスされます。
酸味のあるプルーンが好相性で、あつあつでも冷やして食べてもおいしい。

材料（口径7cm×高さ3cmのマフィン型6個分）

卵 —— 1個
グラニュー糖 —— 40g
A ┌ 薄力粉 —— 60g
　└ 塩 —— ひとつまみ
牛乳 —— 150㎖
生クリーム —— 120㎖
プルーン（大） —— 6粒
バター —— 20g

下準備

・卵は室温にもどす。
・プルーンにラム酒（分量外）をふっておく。
・型にバター（分量外）を多めに塗り、グラニュー糖各小さじ1/2〜1（分量外）をふる。→p.9
・オーブンは180℃に予熱する。

1 ボウルに卵を溶き、グラニュー糖を加えて泡立て器ですり混ぜ、合わせた**A**をふるいながら加えてよく混ぜる。

2 牛乳と生クリームを合わせたものを1に少しずつ加え、混ぜる。1時間以上休ませ（**a**）、粉と水分をなじませる。

3 型に均等に生地を流し入れ、プルーンを入れ（**b**）、バターを等分に切ってのせる（**c**）。

4 180℃のオーブンで30〜40分、少し縁が焦げるくらいまで焼く。焼いている途中で、型から大きくはみ出るようなら、やけどに気をつけながら、スプーンなどで軽く押し込む。

memo 型の九分目を目安に生地とプルーンを入れる。生地が残ったら、別にアルミやステンレスのカップに入れて焼く。ファーブルトンにはプルーンが定番だが、ドライあんずもよく合う。あんずを使用するときは、かぶるくらいの水を加えてさっと煮るか、同様に水を加え、電子レンジで軽く加熱してもどすとよい。

オレンジといちごのアマンディーヌ

アーモンドクリーム＋フルーツで手軽に作れるタルト。
最後にあんずジャムを塗って、つやよく仕上げると見た目も華やかに。
ほかにチェリー、ぶどう、洋なし、りんごなど季節のフルーツでどうぞ。

材料（口径7cm×高さ3cmのマフィン型6個分）

オレンジのアマンディーヌ

オレンジ —— 2個
〈アーモンドクリーム〉
　バター —— 50g
　粉砂糖 —— 50g
　卵 —— 1個
　アーモンドパウダー —— 50g
　薄力粉 —— 15g
　ラム酒* —— 小さじ1
　あればバニラビーンズペースト —— 少々
アーモンドスライス —— 適量
あんずジャム —— 大さじ3
ラム酒* —— 小さじ1
*あればグランマルニエを。

いちごのアマンディーヌ

上記のオレンジ以外すべて同量
いちご —— 12粒
アーモンドクリームのラム酒を
あればキルシュに替える

下準備（共通）

・卵、バターは室温にもどす。
・型にバター（分量外）を塗り、強力粉（分量外）
　をふる。→p.8
・オーブンは200℃に予熱する。

1 オレンジは上下を切り落とし、皮を薄皮ごと厚めに
むく（**a**）。房の薄皮と果肉の間に包丁を入れ、ひと
房ずつ果肉を取り出し（**b**）、水気を拭く。

2 アーモンドクリームを作る。ボウルにバターを入れ、
粉砂糖を加えて泡立て器ですり混ぜ、溶き卵とアー
モンドパウダーを入れてよく混ぜる。薄力粉とラム
酒、あればバニラビーンズペーストを加えて混ぜる。

3 準備した型に**2**を均等に入れて（**c**）表面を平らにな
らす。**1**のオレンジを並べ（**d**）、アーモンドスライ
スを散らす。

4 200℃のオーブンで10分焼き、180℃に下げて10
〜15分焼く。

5 小鍋にあんずジャムと水大さじ3（分量外）を加え
て混ぜ、フツフツとするまで火にかけて、ラム酒を
ふる。

6 **4**の粗熱が取れたら**5**を表面に刷毛で塗る。

いちごのアマンディーヌ

上の作り方**2**のアーモンドクリ
ームを同様に作り、作り方**3**で
いちごの薄切りを並べて（写
真）アーモンドスライスを散ら
す。作り方**4**〜**6**まで同様の手
順で作る。

フォンダンショコラ

ワンボウルで混ぜるだけと簡単なのに、
ビターなチョコレートで甘さを抑えた本格的な味わい。
フォークを入れるとチョコレートが流れ出す、焼きたてを召し上がれ。

<u>材料（口径7㎝×高さ3㎝のマフィン型6個分）</u>
製菓用チョコレート（カカオ分60％以上）
　　　100g
バター ── 80g
卵 ── 2個
グラニュー糖 ── 30g
A ┌ コーンスターチ ── 大さじ1
　 └ ココア ── 大さじ1
グリオットチェリーのキルシュ漬け＊ ── 12粒

＊ダークチェリーをキルシュに一晩漬けたものや、冷凍ラズベリー、バナナ、マーマレードなどでもおいしい。

<u>下準備</u>

・卵は室温にもどす。

・チョコレートは刻む。

・型に紙カップを入れる。→p.8

・オーブンは180℃に予熱する。

1　耐熱容器にチョコレートとバターを入れ、湯せんで溶かし、なめらかになるまで混ぜる。

2　ボウルに卵を溶き、グラニュー糖を加えて泡立て器でもったりするまで泡立てる。1を加えて（a）さっと混ぜる（b）。

3　合わせたAをふるい入れ（c）、泡立て器で底から返すように手早く混ぜる。

4　型に3の生地を均等に入れ、1個につきチェリー2粒を埋め込むように入れる（d）。

5　180℃のオーブンで7〜8分焼く。

memo　4の状態で冷凍可能。食べるときは凍ったままオーブンに入れ、1〜2分長めに焼く。

4 シフォンケーキ

専用のシフォン型がなくても、少し背の高い紙カップがあれば、
小さくてもふわふわしっとりのシフォンケーキが作れます。
焼き時間も短い上、型からはずすときの失敗もありません。

抹茶のシフォンケーキ　作り方 p.58

黒糖のシフォンケーキ　作り方 p.58

抹茶のシフォンケーキ

抹茶の濃厚な香りの、和風テイストのシフォンケーキ。
グリーンの色が鮮やかな抹茶を使うと、きれいに仕上がります。

材料（口径6.5cm×高さ5cmの紙カップ6個分）

卵 —— 2個
グラニュー糖 —— 50g
サラダ油 —— 30ml
水 —— 30ml
A ┌ 薄力粉 —— 45g
  └ 抹茶 —— 6g
ホイップクリーム、抹茶 —— 各適量

下準備

・卵は卵黄と卵白に分ける。
・オーブンは180℃に予熱する。

1 ボウルに卵黄とグラニュー糖の1/3量を入れ、泡立て器でやや白っぽくなるまで混ぜる。サラダ油、水（a）、合わせたAの粉類をふるいながら順に加え、そのつどよく混ぜる（b）。

2 メレンゲを作る。別のボウルに卵白を入れ、ハンドミキサーで泡立て、ふんわりしたら残りのグラニュー糖を加える。ピンと角が立つまで泡立てる（c）。

3 1にメレンゲの1/3量を加え（d）、泡立て器でしっかり混ぜる。残りのメレンゲを加え、ゴムべらに替えて切るようにさっくりと、つやが出るまで混ぜる（e）。

4 3の生地を紙カップの七分目まで入れ（f）、180℃のオーブンで20分ほど焼く。

5 粗熱が取れたら型から取り出し、ホイップクリームをのせ、抹茶をふるいかける。

黒糖のシフォンケーキ

黒砂糖の風味とコクが口の中で広がります。
相性のいいミルキーなホイップクリームを添えると、おいしさ倍増。

材料（口径6.5cm×高さ5cmの紙カップ6個分）

水 —— 30ml
黒砂糖 —— 50g
サラダ油 —— 30ml
卵 —— 2個
薄力粉 —— 60g
ホイップクリーム —— 適量

下準備

・卵は卵黄と卵白に分ける。
・オーブンは180℃に予熱する。

1 耐熱容器に水と黒砂糖20gを入れ、電子レンジで30秒ほど加熱して砂糖を溶かす。ここにサラダ油を加えて混ぜる。

2 ボウルに卵黄を入れ、1を少しずつ加え（写真）、泡立て器で白っぽくなるまで混ぜる。薄力粉をふるいながら加え、よく混ぜる。

3 抹茶のシフォンケーキの作り方2〜4と同様の手順で作る。

4 粗熱が取れたら型から取り出し、上部を1.5cmほどカットする。ホイップクリームをのせ、カットしたものをのせる。

カスタードクリームのシフォンケーキ

ふわふわの生地とやさしい甘さのカスタードクリームの相性は抜群。
とろりとしたカスタードクリームは、レンジ仕上げで簡単に。

材料（口径6.6cm×高さ4cmの紙カップ6個分）
卵 —— 2個
グラニュー糖 —— 50g
サラダ油 —— 30㎖
水 —— 30㎖
薄力粉 —— 60g
〈カスタードクリーム〉
　卵黄 —— 2個分
　グラニュー糖 —— 25g
　A｜薄力粉 —— 10g
　　｜コーンスターチ —— 5g
　牛乳 —— 150㎖
　バニラビーンズ —— 少々
　バター —— 5g
生クリーム —— 100㎖
グラニュー糖 —— 大さじ$\frac{1}{2}$

下準備
・卵は卵黄と卵白に分ける。
・バニラビーンズは種子をしごき出す。
・オーブンは180℃に予熱する。

1　ボウルに卵黄とグラニュー糖の$\frac{1}{3}$量を入れ、泡立て器でやや白っぽくなるまで混ぜる。サラダ油、水、薄力粉をふるいながら加え、そのつどよく混ぜる。

2　抹茶のシフォンケーキ（p.58）の作り方2〜4と同様の手順で作る。

3　カスタードクリームを作る。ボウルに卵黄とグラニュー糖を入れてしっかり混ぜる。Aの粉類をふるいながら加え、牛乳、バニラビーンズを加えてよく混ぜる。ラップをかけ、電子レンジで1分加熱して泡立て器で混ぜる。再度1分加熱して混ぜ、さらに30秒加熱する。クリームが固まってきたらしっかり混ぜてさらに30秒加熱して泡立て器でしっかり混ぜる（a）。温かいうちにバターを加えて混ぜる。

4　3をこしながらラップを敷いたバットに入れ、ラップで覆い、上に保冷剤をのせて急冷する（b）。

5　生クリームにグラニュー糖を加え、九分立てにする。

6　4の冷えたカスタードクリームを泡立て器でほぐし、5のホイップクリームを加えてさっくりと混ぜる。

7　2のシフォンケーキが冷めたら、底にペティナイフで2カ所切り込みを入れる。丸口金をつけた絞り出し袋に6を詰め、切り込みに絞り入れる（c）。

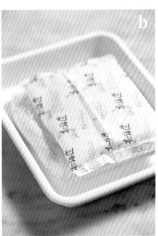

ドライトマトとベーコンのシフォンケーキ

軽食にもおつまみにも向く塩味シフォンは、甘いものが苦手な人でもOK。
食欲をそそるオレンジ色の生地のもとは、トマトジュースです。

材料（口径6.5cm×高さ5cmの紙カップ6個分）

A┌ オリーブ油 —— 20㎖
　│ トマトジュース —— 50㎖
　└ ドライトマト —— 10g
ベーコン —— 20g
玉ねぎ —— 20g
バジル —— 3〜4枚
卵黄 —— 2個分
粒マスタード —— 小さじ2
粉チーズ —— 大さじ2
あれば ガーリックパウダー —— ひとふり
薄力粉 —— 55g
〈メレンゲ〉
　┌ 卵白 —— 3個分
　└ グラニュー糖 —— 15g

下準備
・オーブンは170℃に予熱する。

1 Aのドライトマトは小さく刻む。ベーコンは粗みじん切り、玉ねぎ、バジルはみじん切りにする。

2 耐熱容器にAを入れて、電子レンジで10秒ほど加熱する。

3 ボウルに卵黄を入れ、2の半量を加えて泡立て器でもったりするまで混ぜ（a）、残りを加えてよく混ぜる。粒マスタード、粉チーズ、ガーリックパウダーを加えて混ぜる（b）。

4 3に薄力粉をふるいながら加えて、粉気がなくなるまで混ぜる。

5 メレンゲを作る。別のボウルに卵白を入れ、ハンドミキサーで泡立て、ふんわりしたらグラニュー糖を加える。つやが出てピンと角が立つまで泡立てる。

6 4に5のメレンゲの1/3量を加えて（c）泡立て器でしっかり混ぜる。ベーコン、玉ねぎ、バジルと残りのメレンゲを加えて（d）、ゴムべらでさっくりと混ぜる。

7 6の生地を紙カップの七分目まで入れ、170℃のオーブンで20分ほど焼く。

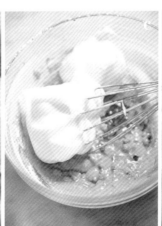

5

チーズケーキ

チーズケーキは次々に材料を合わせてオーブンか冷蔵庫に入れるだけ。
酸味、コク、食感のバランスの取れた、飽きのこないおいしさです。
マフィン型で小さく作ると、持ち寄りやホームパーティーにもピッタリ。

オレオ®レアチーズケーキ　作り方 p.66

ゆずとホワイトチョコのチーズケーキ 作り方 p.67

オレオ®レアチーズケーキ

なめらかな口溶けのチーズケーキにコーヒークリームが味の引き締め役。
ボトムはビターなクッキーを砕いて敷くだけ、といたって簡単に。

材料（口径6.5cm×高さ5cmの紙カップ6個分）

オレオ®クッキー —— 60g
バター —— 10g
クリームチーズ —— 200g
グラニュー糖 —— 30g
生クリーム —— 200ml
粉ゼラチン —— 3g
水 —— 大さじ1⅓
インスタントコーヒー —— 小さじ½
熱湯 —— 小さじ½
ホイップクリーム、
　オレオ®クッキー（小）—— 各適量

下準備

・クリームチーズは電子レンジで30秒ほど加熱
　する。
・水に粉ゼラチンをふり入れてふやかす。

1 オレオ®クッキーを厚手のポリ袋に入れ、めん棒で
たたいて細かく砕く（a）。電子レンジまたは湯せん
で溶かしたバターを加えて袋をもんで混ぜる。紙カ
ップに等分に入れ、ポリ袋をかぶせたスプーンなど
で底に押しつけて（b）表面を平らにする。

2 ボウルにクリームチーズとグラニュー糖20gを加え、
泡立て器でよく混ぜる。

3 分量の生クリームから50ml取り分けて電子レンジで
1分加熱し（または小鍋で沸騰直前まで温めて）、
ふやかしたゼラチンを加えて（c）溶かす。2に温か
い状態のまま加えてよく混ぜる。

4 残りの生クリームに残りのグラニュー糖を加え、泡
立て器で九分立てにする。粗熱が取れた3に半量を
加え、しっかり混ぜる。

5 さらに残りを加えてゴムべらでさっくりと混ぜる。
この生地を大さじ4ほど残して、1のカップに均等
に入れ、冷凍庫に20分ほど入れて表面を固める。

6 残した5の生地と、溶いたコーヒー液をよく混ぜ、
5の上に均等にのせてならす（d）。冷蔵庫で3時間
以上冷やし固める。

7 紙カップから取り出し、ホイップクリームとオレオ®
クッキーを飾る。

ゆずとホワイトチョコのチーズケーキ

ミルキーなホワイトチョコにベストコンビのゆずを合わせて。
濃厚でクリーミーな口当たり。一晩おくとおいしさが増します。

材料（口径7cm×高さ3cmのマフィン型6個分）

生クリーム —— 100㎖
ホワイトチョコレート —— 40g
クリームチーズ —— 200g
グラニュー糖 —— 50g
卵 —— 1個
プレーンヨーグルト（無糖）—— 80g
コーンスターチ —— 10g
ゆずジャム —— 大さじ2
ゆずの皮のすりおろし —— 適量

下準備

・ チョコレートは刻む。
・ クリームチーズは室温にもどす。
・ ヨーグルトはペーパータオルを敷いたざるにの
　せ、半量になるまで30分〜1時間水きりをする。
・ 型にアルミカップを入れる。
・ オーブンは170℃に予熱する。

1 小鍋に半量の生クリームを入れ、沸騰直前まで温め
　たら火を止め、ホワイトチョコレートを入れて（a）
　溶かす。

2 ボウルにクリームチーズ、1、グラニュー糖、残りの
　生クリームを入れてよく混ぜる。続いて卵、ヨーグ
　ルト、コーンスターチを順に加えてよく混ぜる。ゆ
　ずジャムを加えて（b）、さっと混ぜる。

3 アルミカップに2を均等に入れ、ゆずの皮のすりお
　ろしをふる（c）。天板に置き、熱湯を注いで（d）170
　℃のオーブンで20〜25分焼く。そのままオーブン
　内で粗熱を取るか、アルミホイルで全体を包んで蒸
　らす。

4 冷めたら、冷蔵庫で一晩冷やす。アルミカップから
　取り出して器に盛り、ゆずの皮のすりおろしを散ら
　す。

スフレチーズケーキ

別立てのメレンゲを加えて、口の中でシュワシュワ溶ける食感に。
湯せん焼きでしっとりと仕上げたスフレケーキは、軽やかな後味が身上。

材料（口径6cm×高さ5cmの紙カップ6個分）

クリームチーズ —— 100g

バター —— 20g

牛乳 —— 50mℓ

グラニュー糖 —— 10g

卵黄 —— 2個分

A ┌ 薄力粉 —— 10g
  └ コーンスターチ —— 5g

レモン汁 —— 小さじ1/2

バニラビーンズ
　またはバニラビーンズペースト —— 少々

粉チーズ —— 小さじ1

〈メレンゲ〉

　┌ 卵白 —— 2個分
　└ グラニュー糖 —— 45g

粉砂糖 —— 適量

下準備

・バニラビーンズは種子をしごき出す。

・紙カップの内側側面にバター（分量外）を塗る。

・オーブンは160℃に予熱する。

1 耐熱ボウルにクリームチーズを入れ、電子レンジで20秒ほど加熱して、やわらかくする。

2 バターと牛乳を合わせ、ラップをかけて電子レンジで1分加熱し、よく混ぜる。

3 1にグラニュー糖、2、卵黄を加え、泡立て器で混ぜる（a）。Aをふるいながら加えたらレモン汁、バニラビーンズ、粉チーズの順に入れ、そのつど泡立て器で混ぜる。

4 メレンゲを作る。別のボウルに卵白を入れ、ハンドミキサーで泡立て、ふんわりしたらグラニュー糖を加える。つやが出て角が少しおじぎするくらいまで泡立てる（b）。

5 3にメレンゲの1/3量を加え、泡立て器でしっかり混ぜる（c）。残りを加えて泡立て器でさっくりと混ぜ、ゴムべらに替えてなめらかになるまで混ぜる（d）。

6 5を紙カップに均等に入れてからプレートタイプのマフィン型に入れ、天板に置く。熱湯を注いで160℃のオーブンで30分ほど焼く。そのままオーブン内で粗熱を取る。冷めたら、冷蔵庫で一晩冷やす。好みで粉砂糖をふる。

memo　作り方6で30分焼いて焼き色がつかなければ、180℃でさらに5分焼く。

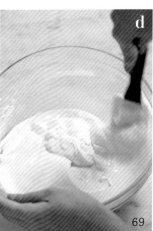

ブリーとレーズンのチーズケーキ

洋酒をきかせたドライフルーツが食感と香りをプラス。
2種のチーズでしっとり焼き上げた、ほどよい甘じょっぱさがくせになるチーズケーキです。
一口サイズに焼いて、見た目もキュートなつまめるオードブルとしても。

材料（口径4.4cm×高さ2.4cmのマフィン型12個分）

サルタナレーズン、ドライいちじく（白）、
　　オレンジピール、　　合わせて70g
A ┌ 白ワイン ── 50㎖
　└ グランマルニエ ── 大さじ1
クリームチーズ ── 100g
サワークリーム ── 90g
グラニュー糖 ── 60g
卵 ── 1個
卵黄 ── 1個分
バター ── 10g
コーンスターチ ── 10g
ブリーチーズ ── 100g
グランマルニエ ── 大さじ1
くるみ ── 20g

下準備

・ クリームチーズは室温にもどす。
・ バターは湯せんまたは電子レンジにかけて溶かす。
・ 型にオーブンシートのカップを入れる。→p.8
・ オーブンは180℃に予熱する。

1 サルタナレーズンといちじくは熱湯をかけ、水気をきる。いちじくとオレンジピールは5mm角に切る。

2 Aをボウルに入れて1を加え、1時間以上漬ける（a）。

3 ボウルにクリームチーズとサワークリームを入れ、グラニュー糖を加えて泡立て器ですり混ぜる。続いて卵と卵黄、溶かしバター、コーンスターチの順に加えてよく混ぜる。

4 3にブリーチーズを一口大にちぎって加え（b）、2を加えてざっと混ぜる。グランマルニエを加えて混ぜる。

5 型に4を均等に入れ、くるみを手で砕いてのせる。天板に置き、熱湯を注いで180℃のオーブンで20分ほど焼く。そのままオーブン内で粗熱を取るか、アルミホイルで全体を包んで蒸らす。冷めたら、冷蔵庫で一晩冷やす。

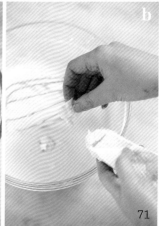

冷たいお菓子

マフィン用の紙カップを使えば
冷凍庫で固めるアイスケーキも作れます。
混ぜて固めるだけのタイプとボトムと
デコレーションありのタイプを紹介します。

桃と杏仁のアイスケーキ 作り方 p.74

バノフィーパイ風アイスケーキ　作り方 p.**75**

桃と杏仁のアイスケーキ

甘い香りの杏仁霜に、相性抜群の桃を合わせたアイスケーキ。
食後のデザートとして、さわやかで後味すっきりの氷菓です。

材料（口径6cm×高さ4.5cmの紙カップ6個分）

杏仁霜 ── 25g
水 ── 100mℓ
牛乳 ── 100mℓ
はちみつ ── 大さじ2
生クリーム ── 100mℓ
グラニュー糖 ── 小さじ2
白桃（半割り・缶詰） ── 1〜2個
あればセルフィーユ ── 少々

1 小鍋に杏仁霜と水を入れてよく混ぜ、火にかける。白
　濁してきたら火を止め、牛乳とはちみつを加えてよく
　混ぜる。

2 1に生クリーム、グラニュー糖を加えて、泡立て器で
　混ぜる。

3 紙カップに均等に入れ、一口大に切った桃を等分に入
　れる。

4 冷凍庫で2時間以上冷やして固める。紙カップから取
　り出して器に盛り、あればセルフィーユを飾る。

バノフィーパイ風アイスケーキ

生クリームに水きりヨーグルトで軽やかさをプラス。
バナナのねっとり感でカチカチには凍らず、口溶けがよいアイスケーキに。

材料（口径6.6cm×高さ4cmの紙カップ6個分）

バナナ —— 2本
グラニュー糖 —— 60g
水 —— 大さじ1
生クリーム —— 200mℓ
練乳 —— 30g
プレーンヨーグルト（無糖）—— 200g
全粒粉ビスケット —— 6枚
コーヒー豆 —— 少々

下準備

・ ヨーグルトはペーパータオルを敷いたざる
  にのせ、半量の100gになるまで30分〜1時
  間水きりをする。

1 バナナは1cm厚さの輪切りにする。

2 フライパンにグラニュー糖と水を入れて中火にかけ、
  焦げ茶色になったら1のバナナを入れてソテーする。
  1/3量を飾り用に取り分ける。

3 生クリームは八分立てにして練乳と混ぜる。さらに水
  きりヨーグルトを加えて混ぜる。

4 2と3をざっと混ぜて紙カップに均等に入れ、ビスケ
  ットをのせる。

5 4を冷凍庫で2時間以上冷やして固める。型から取り
  出し、ひっくり返して器に盛り、2の飾り用のバナナ
  をのせる。さらに挽いたコーヒー豆をふりかける。

6
パン

お店で買うものと思っていたパンもマフィン型があれば、手作りできます。
イーストを加え、生地をこねる、一次発酵、二次発酵させる、と基本の手順をふめば、
手間をかけただけの本格的な味わいのパンが失敗なく作れます。

レモンブリオッシュ　作り方 p.**78**

シナモンロール　作り方 p.**80**

レモンブリオッシュ

粉にバターを練り込んだリッチな味わいのパン。
バターの分量が多いので、こねるのに時間はかかりますが、
焼きたてのふんわりと軽やかな口当たりは格別です。

材料（口径7cm×高さ3cmのマフィン型6個分）

- 強力粉 —— 150g
- ドライイースト —— 2g
- 塩 —— 2g
- 砂糖 —— 15g
- 卵 —— 1個
- 卵黄 —— 1個分
- 牛乳 —— 35〜40㎖
- バター —— 25g
- あられ糖 —— 適量
- レモンの皮のすりおろし —— 1/2個分
- 打ち粉（強力粉）—— 適量
- 溶き卵 —— 適量

下準備

- バターは室温にもどす。
- 卵、卵黄、牛乳は合わせて30℃くらいに温める。
- あられ糖とレモンの皮のすりおろしを混ぜる。
- 型にバター（分量外）をたっぷり塗る。→p.8
- オーブンは170℃に予熱する。

1 ボウルに強力粉、ドライイースト、塩、砂糖を入れる。合わせた卵、卵黄、牛乳を加え、ゴムべらで混ぜる（a）。

2 ひとかたまりになったら台に取り出す。手のひらのつけ根で押しながらのばし（b）、折りたたんで向きを変えるという作業を繰り返して、生地をのばすと薄い膜ができるまでこねる（c）。バターを加えて（d）同様の作業を繰り返し、完全に混ざるまでこねる。やわらかい弾力と指が透けるほどのびのある生地になるまでが目安。

3 ひとつに丸めてボウルに入れてラップをかけ、室温で生地が2倍になるまで1時間30分ほど一次発酵させる（e）。オーブンの発酵機能35℃で60分、発酵させてもよい。

4 ガス抜きをして、生地に打ち粉をふって台に取り出し、スケッパーで6等分にする。表面を張らせるように転がして丸める（f）。

5 ふきんをかぶせて10分ほど休ませる（g）。

6 生地を丸め直して、型に入れる（h）。

7 室温で生地幅が型と同じくらいになるまで二次発酵させる（i）。オーブンの発酵機能35℃で40分、発酵させてもよい。

8 生地の表面に刷毛で溶き卵を塗り、下準備したあられ糖をのせ、表面に押しつける（j）。170℃のオーブンで12分ほど焼く。

memo 8の溶き卵の代わりに牛乳を塗ってもよい。

シナモンロール

生地にシナモンペーストを巻き込んで、渦巻き状に成形します。
北欧生まれの甘いおやつパンには、アイシングもたっぷり塗るのがお約束。

材料（口径7cm×高さ3cmのマフィン型6個分）

強力粉 —— 150g
ドライイースト —— 2g
塩 —— 2g
砂糖 —— 15g
牛乳 —— 50mℓ
水 —— 50mℓ
バター —— 15g
〈シナモンペースト〉
バター —— 20g
グラニュー糖 —— 20g
カルダモンパウダー —— 小さじ¼
シナモンパウダー —— 小さじ1
〈アイシング〉
クリームチーズ —— 60g
バター —— 30g
粉砂糖 —— 30g
ブラウンシュガー（きび砂糖でも）—— 20g
打ち粉（強力粉）—— 適量

下準備

・バターは室温にもどす。
・牛乳、水は合わせて30℃くらいに温める。
・型にバター（分量外）をたっぷり塗る。→p.8
・オーブンは170℃に予熱する。

1 ボウルに強力粉、ドライイースト、塩、砂糖を入れる。合わせた牛乳、水を加え、ゴムべらで混ぜる。

2 レモンブリオッシュ（p.78）の作り方2〜3と同様の手順で作る。

3 生地に打ち粉をふって台に取り出し、ゆるめに丸める。ふきんをかぶせて10分ほど休ませる。

4 シナモンペーストの材料はすべて合わせて混ぜる。

5 3のとじ目を上にして、めん棒で 約24×20cm大にのばし、手前側と両端を残して4を塗り広げる。

6 手前にクルクルとゆるめに生地を巻いて（a）、巻き終わりを合わせ、とじ目を指でつまんで留める。

7 包丁で6等分に切り（b）、切り口を上にして型に入れる（c）。室温で生地幅が型と同じくらいになるまで二次発酵させる（d）。オーブンの発酵機能35℃で40分、発酵させてもよい。

8 170℃のオーブンで12分ほど焼いて（e）冷ます。アイシングの材料を練り混ぜ、スプーンで表面に塗って乾かす。

ハムとチーズのロールパン

のばした生地にハーブを混ぜたチーズと
ハムを巻いたおいしい組み合わせ。
食事パンですが、甘くないので
お酒のお供にも。

材料（口径7cm×高さ3cmのマフィン型6個分）

強力粉 —— 150g
ドライイースト —— 2g
塩 —— 2g
砂糖 —— 15g
牛乳 —— 50㎖
水 —— 50㎖
バター —— 15g
クリームチーズ —— 50g
ディル（生・1cm長さに切る）—— 3g
ロースハム —— 80g
打ち粉（強力粉）—— 適量

下準備

・シナモンロール（p.80）の下準備と共通。
・クリームチーズは室温にもどし、ディルを
　混ぜる。

memo　ディルの代わりにバジル、セルフィー
ユ、大葉、細ねぎなどでもおいしい。

1　シナモンロール（p.80）の作り方1〜3と同様の手
　順で作る。

2　生地のとじ目を上にして、めん棒で約24×20cm大
　にのばし、手前側と両端を残してディルを混ぜたチ
　ーズを塗り、ハムを4枚ずつ2列に並べる（a）。

3　手前にクルクルとゆるめに生地を巻いて、巻き終わ
　りを合わせ、とじ目を指でつまんで留める。

4　シナモンロールの作り方7と同様の手順で作る（b）。

5　170℃のオーブンで12分ほど焼く。

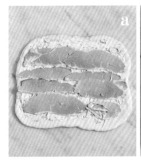

ポップオーバー

アメリカではおなじみの
シュー皮のような食感のライトミール。
少し塩気があるので、ディップとともに前菜にしたり、
ジャムやはちみつ、スープを添えたりと
自由に楽しんで。

まわりはカリッと香ばしく、
中は大きな空洞がある
ユニークなクイックブレッド。
カップの倍はふくらむので、
生地は六分目を目安に
入れましょう。

材料（口径7cm×高さ3cmのマフィン型5個分）

薄力粉 ……… 50g
グラニュー糖 ……… 小さじ½
塩 ……… 小さじ¼
牛乳 ……… 80㎖
卵 ……… 1個
バター ……… 小さじ1

下準備

・卵は室温にもどす。
・型にバター（分量外）をたっぷり塗る。→p.8
・バターは湯せんまたは電子レンジで加熱して溶かす。
・オーブンは220℃に予熱する。

1 ボウルに薄力粉、グラニュー糖、塩を入れ、泡立て器でざっと混ぜる（**a**）。

2 牛乳に溶きほぐした卵を加えてしっかり混ぜ、**1**に少しずつ加えて（**b**）なめらかになるまで混ぜる。中心から外に向かって土手をくずすように混ぜるとだまにならない。

3 **2**に溶かしバターを加えて（**c**）混ぜ、ラップをかけて15分以上休ませる。

4 型の六分目まで**3**を均等に流し入れる。220℃のオーブンで10分、170℃に下げて20分焼く。

デコレーションのアイデア

クリームを塗る、絞るなどのシンプルデコレーションでマフィンを個性的な表情に。

NO.1
レモンアイシング
＋
ハーブのクリスタリゼ

レモンアイシング（p.14 参照）をスプーンで塗る。ミントやバジルなどのハーブによく溶いた卵白を刷毛で塗り、バットに入れたグラニュー糖を全体にまぶす。半日から1日乾燥させたものを飾る。エディブルフラワーの花びらでも同様に作れる。（6個分）

NO.2
ガナッシュ
＋
マシュマロ

刻んだチョコレート30gに沸騰直前まで温めた牛乳小さじ2を加え、ゆっくり混ぜて溶かす。またはコーティング用のチョコレート30gを湯せんで溶かす。チョコマフィンの中央にのせてマシュマロを置き、ガナッシュをコルネ*かスプーンで線描きする。（3個分）

NO.3
ガナッシュ
＋
グラノーラ

刻んだチョコレート30gに沸騰直前まで温めた牛乳小さじ2を加え、ゆっくり混ぜて溶かす。またはコーティング用のチョコレート30gを湯せんで溶かす。チョコマフィンの中央にのせ、グラノーラを飾る。（3個分）

NO.4
ブルーベリーアイシング
＋
すみれの砂糖漬け

粉砂糖大さじ3、ブルーベリージャム（裏ごししたもの）小さじ1、レモン汁小さじ1を合わせてよく混ぜる。ようやく落ちるくらいの濃度に調節して大さじ1をのせ、スプーンの背でのばす。縁にすみれの砂糖漬けを貼りつける。（2個分）

NO.5
ホワイトチョコレート
＋
オレンジピール

コーティング用のホワイトチョコレート30gを湯せんで溶かし、コルネ*かスプーンで線描きする。さらにオレンジピールを飾る。（3〜4個分）

NO.6
ラズベリージャム
＋
粉砂糖

マフィンを3等分にスライスする。スライス面にラズベリージャムを塗って重ね、粉砂糖をふる。

NO.7
ホイップクリーム
＋
フリーズドライラズベリー

120㎖の生クリームに小さじ2のグラニュー糖を加えて八分立てにし、絞り出す。フリーズドライのラズベリーを砕いて散らす。シフォンケーキにおすすめ。（3〜4個分）

NO.8
チーズクリーム
＋
あんずジャム

チーズクリーム（p.18参照）をこんもりとのせ、中央にあんずジャムを小さじ$\frac{1}{2}$ほどのせる。刻んだピスタチオを散らす。（3〜4個分）

＊コルネの作り方
コルネは小さい紙製の絞り出し袋のこと。オーブンシートを二等辺三角形に切り、一番長い辺の中央を起点に**1**のように円錐形に巻き、**2**のように先端を尖らせる。上の紙を中に折り込み、クリームを詰める。上の左右を折ってから、**3**のように口を閉じるように折り、先端を少し切る。

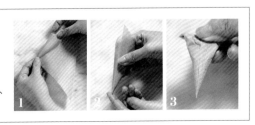

お菓子のシンプルラッピング

プレゼントや持ち寄りパーティーに、喜ばれるシンプルラッピングのアイデアをご紹介します。

中が見える
プラスチック容器に詰めて

日頃からおしゃれな空き缶や空き箱をストックしておくと、プレゼント用に重宝します。これはフルーツが入っていたプラスチック容器。マフィンのフィリングを欧文で書き添えて、ボナペティ（召し上がれ）のメッセージとともに。

形がくずれないお菓子は
包んで、アクセントを

厚焼きクッキーのガレット・ブルトンヌをオーブンシートやワックスペーパーで1個ずつ包みます。包み終わりを楊枝で縫うように留めればOK。フラッグつきの楊枝がかわいいアクセントに。さりげないおすそ分けに向くラッピング。

テトラパック包みで
パリ風に

フランスのパティスリーでよく見かけるテトラパック包み。マチなし紙袋をイラストのように広げてお菓子を入れます。AとBを合わせて口を2回折り、マスキングテープや好きなシールで留めれば完成。中を見せたいなら透明なOPP袋を使いましょう。

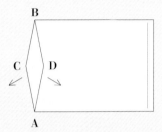

袋を横にして、ABのラインの
中央のCDの部分を広げる。

白を基調にしたラッピングに
スタンプ文字を

白いお菓子の空き箱に白のレースペーパー、白いリボンをかけてと白で統一したラッピング。リボンにはアルファベットスタンプで、CAKESの文字を押すだけ。インクの色で遊んだり、シーンに合わせたメッセージカードを添えても素敵です。

若山曜子 わかやまようこ

料理・菓子研究家。東京外国語大学フランス語学科卒業後、パリへ留学。ル・コルドン・ブルーパリ、エコール・フェランディを経て、フランス国家資格（CAP）を取得。パリのパティスリーやレストランで経験を積み帰国。現在は、雑誌や書籍、企業のレシピ開発のほか、お菓子と料理のオンライン教室を主宰。SNSでの発信でも注目されている。おいしくて、おしゃれな、そして作りやすいレシピが人気。著書に『さつまいものお菓子』『ストウブだからおいしい毎日ごはん』『至福のチーズレシピ』（以上家の光協会）など多数。

ホームページ
https://tavechao.com

インスタグラム
@yoochanpetite

マフィン型で作る
小さなお菓子

2023年 3 月20日　第1刷発行
2023年11月15日　第3刷発行
著　者　　若山曜子
発行者　　木下春雄
発行所　　一般社団法人 家の光協会
　　　　　〒162-8448
　　　　　東京都新宿区市谷船河原町11
　　　　　電話　03-3266-9029（販売）
　　　　　　　　03-3266-9028（編集）
　　　　　振替　00150-1-4724

印刷・製本　図書印刷株式会社

撮影　　　　　馬場わかな
スタイリング　曲田有子
デザイン　　　渡部浩美
取材・文　　　内山美恵子
編集　　　　　小島朋子
調理アシスタント　池田愛実
　　　　　　　栗田茉林
　　　　　　　櫻庭奈穂子
校正　　　　　安久都淳子
DTP制作　　　天龍社
撮影協力　　　cotta
　　　　　　　https://www.cotta.jp/